대원키즈

**글 전판교**

2000년 만화가로 데뷔한 후, 어린이를 위한 글을 쓰고 있습니다.
어린이의 정서와 눈높이에 맞춘 재미있는 스토리 속에 필수 상식과 학습 등의
유익함을 주고자 연구하고 있습니다.
펴낸 책으로는 〈우리들의 MBTI〉, 〈악동 김블루의 친절한 과학〉,
〈쿠키런 킹덤 전설의 언어술사 시리즈〉, 〈레벨업 카카오프렌즈 속담〉 등이 있습니다.

 **그림 옥토끼 스튜디오**

최진규, 박지영으로 구성된 부부 만화 공작단 [옥토끼 스튜디오]에서
아이들을 위한 애니메이션북, 웹툰, 학습만화, 일러스트 등
다양한 장르의 그림을 그리고 있습니다.
주요 작품으로는 〈요괴워치〉, 〈나의 히어로 아카데미아 필름북〉,
〈비마이펫 멍냥연구소〉 편집북과 〈문방구tv 코믹툰〉, 〈신비아파트 OX 사전〉,
〈웃음이 말걸기〉 등이 있고 현재는 〈몰랑이〉 시리즈를 그리고 있습니다.

## 등장인물 소개

### 몰랑이

여유롭고 엉뚱한 성격의 무한 긍정토끼.
동글동글한 찹쌀떡을 닮았다.
특유의 성격 때문에 매사에 여유롭다.
가끔은 지나치게 여유로운 탓에
피우피우에게 잔소리를 듣기도 한다.

### 피우피우

보송보송하게 생긴 외모와 달리,
한번 화가 나면 무서운 모습이
나오는 반전 매력이 있다.
주변을 깨끗이 청소하고 정돈하는 것을
좋아해서 몰랑이와 친구들이
어질러 놓은 것을 정리해 주곤 한다.

## 갈색이

순둥순둥하고 느긋한 성격.
먹는 걸 세상에서 제일 좋아한다.
가훈은 무려 '먹는 건 절대 양보하지
않는다!' 재능을 살려 먹방
유튜버로도 활동 중이다.

## 회색이

짓궂은 장난을 좋아하는 말썽꾸러기.
겉보기에는 얄밉고 이기적이지만,
알고 보면 속 깊고 잔정이 많아
미워할 수 없는 친구다.
모든 걸 잘하는 얼룩이에게
라이벌 의식을 갖고 있다.

## 얼룩이

공부도 1등, 운동도 1등, 심지어
성격도 좋고 게임까지 잘하는 완벽한
모범생! 하지만 근사한 겉모습과는
달리 남모르는 비밀이 있는 친구.
까칠해 보이는 회색이에게
마음을 털어놓고 좋은 친구가 된다.

## 사자성어 배우기

**1**

일상에서 자주 쓰는 사자성어를 익혀요.
사자성어와 의미를 먼저 읽고,
사자성어를 이루는 한자의 뜻과 음을 확인해요.
만화 속에 사용된 사자성어는 쉽게 구분되도록
색깔을 다르게 표시해 두었어요.

 유일무이

세상에 오직 하나뿐이고 둘도 없는 것을 말해요.

 唯 오직 **유**, 一 한 **일**, 無 없을 **무**, 二 두 **이**

## ② 말랑말랑하게 익히기

몰랑이들의 생생한 대화를 읽으며
생활 속에서 어떻게 쓰는지 자연스럽게 배워요.

## ③ 확실하게 다지기

배운 내용은 복습 퀴즈로 다시 한 번 학습해요.

## 1장
### 친구에게 써먹기 좋은 사자성어

01 작심삼일 作心三日 · 16
02 마이동풍 馬耳東風 · 18
03 기상천외 奇想天外 · 20
04 산전수전 山戰水戰 · 22
05 속전속결 速戰速決 · 24
06 유일무이 唯一無二 · 26
07 동문서답 東問西答 · 28
08 삼십육계 三十六計 · 30
09 삼삼오오 三三五五 · 32
10 팔방미인 八方美人 · 34
11 정정당당 正正堂堂 · 36
12 십중팔구 十中八九 · 38
13 일장일단 一長一短 · 40
14 독불장군 獨不將軍 · 42
15 자문자답 自問自答 · 44
16 천차만별 千差萬別 · 46
17 청산유수 靑山流水 · 48
18 반신반의 半信半疑 · 50
19 일거양득 一擧兩得 · 52
20 구사일생 九死一生 · 54
21 고성방가 高聲放歌 · 56
22 명명백백 明明白白 · 58
23 일확천금 一攫千金 · 60
24 백발백중 百發百中 · 62
25 일취월장 日就月將 · 64
★ 복습 퀴즈 1 · · · · · · · 66

## 2장
### 어른한테 써먹기 좋은 사자성어

26 자업자득 自業自得 · 68
27 금시초문 今始初聞 · 70
28 선견지명 先見之明 · 72
29 이심전심 以心傳心 · 74
30 어부지리 漁父之利 · 76
31 동분서주 東奔西走 · 78
32 부전자전 父傳子傳 · 80
33 입신양명 立身揚名 · 82
34 공명정대 公明正大 · 84
35 부자유친 父子有親 · 86
36 무용지물 無用之物 · 88
37 자수성가 自手成家 · 90
38 안분지족 安分知足 · 92
39 타산지석 他山之石 · 94
40 인생무상 人生無常 · 96
41 노발대발 怒發大發 · 98
42 불로장생 不老長生 · 100
43 견물생심 見物生心 · 102
44 일심동체 一心同體 · 104
45 기고만장 氣高萬丈 · 106
46 인사불성 人事不省 · 108
47 오리무중 五里霧中 · 110
48 자고이래 自古以來 · 112
49 동고동락 同苦同樂 · 114
★ 복습 퀴즈 2 ······· 116

## 3장
### 어휘력을 뽐낼 때 써먹기 좋은 사자성어

- 50 비일비재 非一非再 · 118
- 51 대동단결 大同團結 · 120
- 52 문전성시 門前成市 · 122
- 53 일파만파 一波萬波 · 124
- 54 인명재천 人命在天 · 126
- 55 다사다난 多事多難 · 128
- 56 전대미문 前代未聞 · 130
- 57 대서특필 大書特筆 · 132
- 58 임시방편 臨時方便 · 134
- 59 물심양면 物心兩面 · 136
- 60 인산인해 人山人海 · 138
- 61 대의명분 大義名分 · 140
- 62 유명무실 有名無實 · 142
- 63 자급자족 自給自足 · 144
- 64 일맥상통 一脈相通 · 146
- 65 중언부언 重言復言 · 148
- 66 의미심장 意味深長 · 150
- 67 천재지변 天災地變 · 152
- 68 박학다식 博學多識 · 154
- 69 풍전등화 風前燈火 · 156
- 70 유구무언 有口無言 · 158

- ★ 복습 퀴즈 3 · · · · · · · 162
- ★ 찾아보기 · · · · · · · · 163
- ★ 복습 퀴즈 정답 · · · · · 165

# 1장
## 친구에게 써먹기 좋은 사자성어

##  작심삼일 作心三日

결심이 삼 일을 가지 못한다는 뜻으로,
결심이 굳지 못하다는 말이에요.

 作 지을 **작**, 心 마음 **심**, 三 석 **삼**, 日 날 **일**

> 피우피우,
> 나 오늘부터
> 운동할 거야!

> 갑자기?

> 나 살쪘다고
> 친구들이 찹쌀떡이라고
> 놀리잖아.

피둥~ 피둥~

> 또 **작심삼일**
> 이겠군.

움찔

> 아냐!

> 이번에는
> **작심삼일**
> 아니거든?

## 2. 마이동풍 馬耳東風

말의 귀에 봄바람이 스쳐 지나간다는 뜻으로, 남의 말을 귀담아듣지 않고 흘려버릴 때 쓰는 말이에요.

 馬 말 마, 耳 귀 이, 東 동녘 동, 風 바람 풍

— 산에 오니까 진짜 좋다!

— 빨리 도시락부터 먹자~!

— 그런데 아까부터 이게 무슨 냄새지?

킁- 킁- 스멀~ 스멀~

— 회색아, 혹시 향수 뿌리고 왔어?

킁킁-

— 응! 어때, 향기 좋지?

## 3 기상천외 奇想天外

보통 사람이 생각할 수 없는 아주 기이하고 엉뚱한 생각을 말해요.

 奇 기이할 **기**, 想 생각 **상**, 天 하늘 **천**, 外 바깥 **외**

맨날 똑같은 음식만 먹으니까 좀 질리네.

그게 라면 열 그릇이나 먹고 할 소리야?

뭐 좀 새로운 거 없을까?

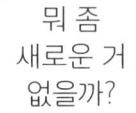 꺼억~

오호! 이러면 되겠다! 번쩍!

얘들아~! 라면 먹어!!

쿠궁!!

## 4 산전수전 山戰水戰

산에서도 싸우고 물에서도 싸웠다는 뜻으로, 살면서 온갖 어려운 일을 다 겪었음을 비유하는 말이에요.

山 메 **산**, 戰 싸움 **전**, 水 물 **수**, 戰 싸움 **전**

## 5 속전속결 速戰速決

싸움이나 일을 오래 끌지 않고
빨리 결판을 낼 때 쓰는 표현이에요.

速 빠를 **속**, 戰 싸움 **전**, 速 빠를 **속**, 決 결단할 **결**

너희들 찰흙 만들기 숙제 있다며.

그렇게 빈둥거려도 돼?

그 정도는 속전속결로 다 해 버렸지!

숙제는 무조건 속전속결!

속전속결로 결판을 내 주겠어!

진짜? 벌써?

## 6. 유일무이

세상에 오직 하나뿐이고 둘도 없는 것을 말해요.

 唯 오직 **유**, 一 한 **일**, 無 없을 **무**, 二 두 **이**

진짜야~!

몰랑이 너는 세상에 둘도 없는 **유일무이**한 친구라니까?

그러니까 제발 게임 한 판만~ 응? 제발 제발~!

이그~ 알았어, 이따가 집으로 와.

즐레 즐레

진짜 끈질기네.

후훗- 꼬시기 성공!

응?

후다닥-

갈색이 뭐 먹어?

핫도그.

## 1 동문서답 東問西答

동쪽을 물었는데 서쪽을 대답한다는 뜻으로, 묻는 말에 전혀 맞지 않는 엉뚱한 대답을 할 때 쓰는 표현이에요.

 東 동녘 **동**, 問 물을 **문**, 西 서녘 **서**, 答 대답할 **답**

동문서답~♪
동문서답~♪

동문서답~♪
동문서답~♪

쟤들 뭐 하는 거야?

동문서답 게임.

파닥 파닥-

파닥-

파닥-

엥? 그게 뭔데?

동문서답. 말 그대로 묻는 말에 전혀 맞지 않는 엉뚱한 대답을 하는 거야.

너의 이름은?

독버섯!

파닥-

파닥-

파닥 파닥-

##  삼십육계 三十六計

전쟁에서 쓰는 36개의 책략을 뜻해요.
그중 도망가는 게 가장 좋은 계책이라는 뜻의
'삼십육계 줄행랑을 놓다'라는 말을 자주 사용해요.

 三 석 **삼**, 十 열 **십**, 六 여섯 **육**, 計 셀 **계**

- 너희들 **삼십육계**라고 알아?
- 갑자기 웬 **삼십육계**?
- 냠~ 냠~
- **삼십육계**란 말야~.
- 전쟁에서 쓰는 36개 작전인데 그중 도망가는 게 최고래.
- 회색이 너 또 사고 쳤구나?

## 9 삼삼오오 三三五五

서넛이나 대여섯 사람씩 떼를 지어 다니거나 무슨 일을 하는 모양을 말해요.

 三 석 삼, 三 석 삼, 五 다섯 오, 五 다섯 오

## 10. 팔방미인 八方美人

여러 방향에서 보아도 아름다운 사람이란 뜻으로, 주로 여러 방면의 일에 능통한 사람을 가리킬 때 쓰는 말이에요.

八 여덟 **팔**, 方 모 **방**, 美 아름다울 **미**, 人 사람 **인**

> 얼룩이는 공부도 잘하고 수영도 잘하고~.

> 정말 못하는 것 없이 다 잘하는 것 같아!

> 그런 걸 **팔방미인**이라고 하지.

> 오~ **팔방미인**~.

> 그 정도는 아니야.

> 얼룩이는 **팔방미인**~!

> 흥! 너희들이 진짜 **팔방미인**을 못 봤구나?

> 내가 보여 주지!

## 11 정정당당 正正堂堂

태도나 수단이 올바르고 떳떳할 때 쓰는 표현이에요.
주로 정당하게 원칙을 지키는 것을 의미해요.

正 바를 **정**, 正 바를 **정**, 堂 집 **당**, 堂 집 **당**

## 12 십중팔구 十中八九

열에 여덟, 아홉이란 뜻으로, 어떤 일이 거의 예외 없이 그러할 것이라는 추측을 나타낼 때 쓰는 말이에요.

十 열 **십**, 中 가운데 **중**, 八 여덟 **팔**, 九 아홉 **구**

##  일장일단 一長一短

장점과 단점이란 뜻으로, 어떤 일에 장점이 있는 반면 단점도 있을 때 쓰는 표현이에요.

 一 한 **일**, 長 길 **장**, 一 한 **일**, 短 짧을 **단**

오늘은 중국 음식 시켜 먹을까?

난 짜장면!

아… 어쩌지?

짜장면도 먹고 싶고 짬뽕도 먹고 싶고 탕수육도 먹고 싶어.

다 먹으면 배가 엄청 부를 텐데….

뭐가 고민이야? 다 먹으면 되지.

냠~

##  독불장군 獨不將軍

혼자서는 장군이 될 수 없다는 뜻으로, 남의 말을 무시하고 뭐든지 혼자 제멋대로 행동하는 사람을 의미해요.

 獨 홀로 **독**, 不 아닐 **불**, 將 장수 **장**, 軍 군사 **군**

- 이야~ 캠핑 오니까 너무 좋다!
- 일단 텐트부터 치자.
- 나도 도울게!
- 난 식사 준비할게.
- 난 내가 알아서 할게.
- **독불장군**처럼 그러지 말고 텐트 같이 치자.
- 아니~ 난 알아서 한다니까? 상관 마셔.

## 15 자문자답 自問自答

스스로 묻고 스스로 답하는 것을 뜻해요.

自 스스로 **자**, 問 물을 **문**, 自 스스로 **자**, 答 대답할 **답**

##  천차만별 千差萬別

여러 가지 사물이 모두 차이가 있고 서로 각각 다르다는 뜻이에요.

 千 일천 **천**, 差 다를 **차**, 萬 일만 **만**, 別 다를 **별**

얼룩이는 뭐든 잘하고 차분하고.

회색이는 까불이에 독불장군.

뭐?!

갈색이는 뭐든지 잘 먹고 기상천외하고.

냠냠

나는 뭐든지 낙천적이란 말야.

## 17 청산유수 靑山流水

푸른 산에 흐르는 맑은 물이라는 뜻으로,
말을 물 흐르듯 막힘없이 잘할 때 쓰는 표현이에요.

靑 푸를 **청**, 山 메 **산**, 流 흐를 **유(류)**, 水 물 **수**

아우~ 답답해!

왜? 무슨 일 있어?

갈색이랑 얘기하면 진짜 답답해. 대답하는 데도 하루 종일 걸리는 것 같다구.

갈색이랑 일상 대화를 하면 좀 답답하지.

에이, 몰라. 라면이나 끓여 먹어야지.

라면 끓여 먹게?

## 18 반신반의 半信半疑

반은 믿고 반은 의심한다는 뜻으로, 어느 정도는 믿으면서도 한편으로는 의심하는 것을 말해요.

半 반 **반**, 信 믿을 **신**, 半 반 **반**, 疑 의심할 **의**

뒹굴~
뒹굴~

숙제는 다하고 뒹굴거리는 거야?

다… 당연히 다했지.

진짜?

왜? 못 믿어?

음….

별떡

## 19 일거양득 一擧兩得

하나를 들었는데 두 가지를 얻었다는 뜻으로,
한 가지 일로 두 가지 이익을 얻을 때 쓰는 말이에요.

 一 한 **일**, 擧 들 **거**, 兩 두 **양(량)**, 得 얻을 **득**

여기 가재가 그렇게 많대!

가재구이 맛있겠다.

## 구사일생 九死一生

아홉 번 죽을 뻔했다가 한 번 살아난다는 뜻으로,
여러 번 죽을 고비를 겪고 간신히 살아남았다는 뜻이에요.

 九 아홉 **구**, 死 죽을 **사**, 一 한 **일**, 生 날 **생**

너무 숲속 깊숙이 들어왔나?

아무래도 길을 잃은 것 같은데?

미끌~

우당탕-

## 21 고성방가 高聲放歌

큰 소리로 시끄럽게 노래를 부르거나 소리를 질러서 주변을 시끄럽게 만드는 행동을 뜻해요.

高 높을 **고**, 聲 소리 **성**, 放 놓을 **방**, 歌 노래 **가**

## 22 명명백백 明明白白

매우 밝고 희다는 뜻으로, 누가 보아도 의심할 여지가 없이 아주 뚜렷하고 분명한 상황일 때 쓰는 말이에요.

明 밝을 **명**, 明 밝을 **명**, 白 흰 **백**, 白 흰 **백**

나 결심했어. 이번에는 제대로 얼룩이한테 대결 신청할 거야.

무슨 대결을 해도 얼룩이한테는 **명명백백**하게 질 텐데?

뭐? **명명백백**?! 어째서 그렇게 확신하는데?

세상에는 **명명백백**한 것들이 있지.

예를 들면….

## 23 일확천금 一攫千金

한 번에 천금을 붙잡는다는 뜻으로, 힘들이지 않고 갑자기 큰 재산이나 이익을 얻었을 때 쓰는 말이에요.

 一 한 **일**, 攫 붙잡을 **확**, 千 일천 **천**, 金 쇠 **금**

내가 복권에 당첨되다니!!

이것이야말로 **일확천금**!!

이제 난 부자다! 부자야!!

안 돼.

상금은 줄 수 없어.

## 24 백발백중

백 번 쏴서 백 번 맞힌다는 뜻으로,
총이나 활을 겨누어 쏜 곳이 꼭 맞거나
어떤 일이 틀림없이 잘 들어맞을 때 쓰는 표현이에요.

百 일백 **백**, 發 필 **발**, 百 일백 **백**, 中 가운데 **중**

— 차아악-
— 차아악-

우하하~!!
어떠냐?

나의
물총 실력은
**백발백중**이다!

## 25. 일취월장 日就月將

날마다 이루고 달마다 달성한다는 뜻으로, 실력이 하루가 다르게 쑥쑥 좋아질 때 쓰는 표현이에요.

日 날 **일**, 就 이룰 **취**, 月 달 **월**, 將 장수 **장**

오늘 저녁은 뭐야?

김치볶음밥.

김치볶음밥?

너 그거 자신 없다며.

일단 먹어 봐.

...

번쩍-

텹!!!

낱말 상자 속에서 알맞은 글자를 골라 빈칸을 완성하세요. 같은 글자를 여러 번 써도 좋아요.

| 신 | 상 | 기 | 의 | 외 | 장 | 반 | 취 | 구 | 일 | 사 | 월 | 천 | 생 |

하루가 다르게 실력이 나아질 때 쓰는 말이에요.

여러 번 죽을 고비를 겪고 살아남았다는 뜻이에요.

반은 믿고 반은 의심한다는 뜻이에요.

아주 기이하고 엉뚱한 생각을 말해요.

*정답은 165쪽에서 확인하세요.

## 2장
### 어른한테 써먹기 좋은 사자성어

## 26 자업자득 自業自得

스스로 저지른 일은 스스로 얻는다는 뜻으로, 자기가 행한 행위의 결과가 자신에게 돌아갈 때 쓰는 말이에요.

自 스스로 **자**, 業 업 **업**, 自 스스로 **자**, 得 얻을 **득**

## 27. 금시초문 今始初聞

이제 비로소 처음 들었다는 뜻으로, 들어 보지 못했던 상황을 처음 접했을 때 쓰는 말이에요.

今 이제 **금**, 始 비로소 **시**, 初 처음 **초**, 聞 들을 **문**

너희들, 그거 알아?

밤 12시 정각에 세숫대야에 물을 담아서 손거울을 담가 놓으면…

그 거울에 자신의 미래 모습이 보인대.

그런 소리가 있어? 난 **금시초문**인데?

그런 거 다 미신이야.

그렇겠지?

아냐! 진짜야~!!

## 28 선견지명 先見之明

먼저 밝음을 본다는 뜻으로, 어떤 일이 일어나기 전에 미리 예상하고 아는 지혜를 말해요.

先 먼저 **선**, 見 볼 **견**, 之 갈 **지**, 明 밝을 **명**

## 29 이심전심 以心傳心

마음과 마음이 서로 통한다는 의미로
굳이 표현하지 않아도 서로 생각이 같을 때 쓰는 말이에요.

 以 써 **이**, 心 마음 **심**, 傳 전할 **전**, 心 마음 **심**

입이 심심한데~.

뭐 먹을 거 없나?

냉장고는 텅 비었고….

식탁도 텅 비었고….

## 30 어부지리 漁父之利

둘이 서로 싸우는 사이에 뜻하지 않게 엉뚱한 사람이 이익을 차지할 때 쓰는 말이에요.

 漁 고기 잡을 **어**, 父 아비 **부**, 之 갈 **지**, 利 이로울 **리(이)**

게임 내가 먼저 할 거야!

아냐! 내가 먼저야!

양보해!

으르렁~ 으르렁~

오늘은 나도 양보 못 해!

휙-

## 31. 동분서주 東奔西走

동쪽으로 뛰고 서쪽으로 뛴다는 뜻으로, 사방으로 이리저리 몹시 바쁘게 돌아다닌다는 말이에요.

東 동녘 **동**, 奔 달릴 **분**, 西 서녘 **서**, 走 달릴 **주**

> 8신데 안 일어나?

> 애들이랑 놀이공원 간다며.

> 아! 맞다!!

벌떡

> 도시락!

> 도시락!!

> 내 휴대폰!

> 선글라스~!!

쫏쫏

> 미리미리 좀 챙기지. 아침부터 **동분서주**하는 꼴이라니.

## 32 부전자전 父傳子傳

아버지가 아들에게 전한다는 뜻으로, 아들의 성격이나 생활 습관이 아버지와 비슷할 때 쓰는 말이에요.

父 아비 **부**, 傳 전할 **전**, 子 아들 **자**, 傳 전할 **전**

누구세요?

이 집은 손님이 왔는데 먹을 것도 안 내놓나?

냉큼 먹을 것 좀 내오거라.

## 33 입신양명 立身揚名

몸을 바로 세워 이름을 드날린다는 뜻으로,
사회적으로 성공하여 세상에 이름을 알리는 것을 말해요.

 立 설 **입(립)**, 身 몸 **신**, 揚 날릴 **양**, 名 이름 **명**

거기 지나가는 젊은이~.

응?

보아하니 장차 출세해서

입신양명을 하겠구만.

입신양명? 제가요?

그렇다네.

얘들아!

## 34 공명정대 公明正大

공평하고 밝으며 바르고 크다는 뜻으로, 하는 일이나 태도가 그릇됨 없이 아주 정당하고 떳떳함을 말해요.

公 공평할 **공**, 明 밝을 **명**, 正 바를 **정**, 大 큰 **대**

— 아니! 누가 길에 쓰레기를 버린 거야!
— 피우피우는 역시 **공명정대**하구나.
— 공명정대? 내가?
— 응, 피우피우는 늘 올바르잖아.
— 그… 그래?
— 하긴 내가 좀 **공명정대**하지~!

## 35 부자유친 父子有親

아버지와 아들 사이에는 친함이 있다는 뜻으로, 부모는 자녀를 사랑해야 하고 자녀는 부모를 잘 섬겨야 한다는 말이에요.

父 아비 **부**, 子 아들 **자**, 有 있을 **유**, 親 친할 **친**

마지막 조각이다. 아들아, 네가 양보하거라.

아빠가 양보하시죠.

## 36 무용지물 無用之物

쓸모없는 물건이나 사람을 가리킬 때 쓰는 말이에요.

無 없을 **무**, 用 쓸 **용**, 之 갈 **지**, 物 물건 **물**

## 37 자수성가 自手成家

스스로의 손으로 집안을 이룬다는 뜻으로, 물려받은 재산 없이 자기 혼자 힘으로 부자가 된 것을 말해요.

自 스스로 **자**, 手 손 **수**, 成 이룰 **성**, 家 집 **가**

맨날 무슨 책을 그렇게 열심히 봐?

경제에 관한 책이야.

경제? 그렇게 어려운 걸 왜 봐?

난 **자수성가**하고 싶거든.

아무것도 없는 상태에서 자기 힘으로 부자가 된다는 거, 멋지잖아.

대… 대단해. 벌써 그런 생각을 하다니.

## 38 안분지족 安分知足

자신과 맞는 환경을 편안하게 여기고 만족하며 사는 것을 말해요.

安 편안할 **안**, 分 나눌 **분**, 知 알 **지**, 足 발 **족**

입신양명! 자수성가! 다 필요 없어요!

안분지족!! 전 제 분수에 맞게 만족하며 살 거예요!

그러니까 가시라고요—.

안분지족~ 아주 좋은 말이지.

그럼 알라딘의 요술 램프도 필요 없겠구만.

아주 어렵게 구했는데…

요… 요술램프?

## 39 타산지석 他山之石

다른 산의 나쁜 돌이라도 내 옥을 갈아 만드는 데에 쓸모가 있다는 뜻으로, 하찮은 남의 말과 행동도 자신을 수양하는 데에는 도움이 된다는 말이에요.

他 다를 **타**, 山 메 **산**, 之 갈 **지**, 石 돌 **석**

어제 길을 가는데 배가 너무 아픈 거야.

으윽~ 배야.

그래서 화장실을 갔는데….

글쎄 휴지가 없는 거야.

텅-

그래서 어떻게 했어?

꿀꺽

##  인생무상 人生無常

인생이 한결같지 않다는 뜻으로,
인생의 덧없음을 이르는 말이에요.

 人 사람 **인**, 生 날 **생**, 無 없을 **무**, 常 항상 **상**

하아~.

웬 한숨?

왜 인생은 항상 좋은 일만 있으면 안 되는 걸까?

그렇지 뭐….

인생이 한결같지 않아서 **인생무상**이라고 하잖아.

왜? 무슨 일인데?

# 노발대발 怒發大發

몹시 노하여 크게 펄펄 뛰며 화를 낼 때 쓰는 말이에요.

怒 성낼 **노(로)**, 發 필 **발**, 大 큰 **대**, 發 필 **발**

저기… 피우피우.

응?

내가 얘기할 게 있는데….

듣고 **노발대발**하면 안 돼.

뭔데?

**노발대발** 안 할 테니까 말해 봐.

사실….

미… 미안해.

내가 카레를 먹고 냉장고에 안 넣어서 카레가 다 상했어.

## 42 불로장생 不老長生

늙지 않고 오래 사는 것을 말해요.

 不 아닐 **불**, 老 늙을 **로(노)**, 長 길 **장**, 生 날 **생**

여기가 어디지?

연못이다!

으앗! 누구세요?!

쑥~

## 43 견물생심 見物生心

물건을 보면 마음이 생겨난다는 뜻으로, 어떤 실물을 보게 되면 그것을 가지고 싶은 욕심이 생긴다는 말이에요.

見 볼 **견**, 物 물건 **물**, 生 날 **생**, 心 마음 **심**

## 44 일심동체 一心同體

한마음 한 몸이라는 뜻으로,
서로 굳게 연결되어 있다는 말이에요.

一 한 **일**, 心 마음 **심**, 同 한가지 **동**, 體 몸 **체**

---

너희들, 이번에 학교에서 다 같이 춤춘다며?

연습은 잘돼 가?

그게… 똑같이 **일심동체**로 움직여야 되는데 잘 안 되네.

그래? 그럼 **일심동체** 특훈해야지.

**일심동체** 특훈?

그런 게 있어?

느낌이 안 좋은데…

냠~

## 45 기고만장 氣高萬丈

기운이 굉장히 높고 넓게 뻗쳐 있다는 뜻으로,
일이 뜻대로 잘 되면 아주 으쓱거리며 뽐내는 것을 말해요.

 氣 기운 **기**, 高 높을 **고**, 萬 일만 **만**, 丈 어른 **장**

## 46 인사불성 人事不省

자기 몸을 살피지 못할 만큼 정신이 없는 상태를 말해요.

人 사람 **인**, 事 일 **사**, 不 아닐 **불**, 省 살필 **성**

---

이상해, 아무래도 이상해.

왜 자꾸 아빠랑 할아버지가 나 몰래 창고에 들락날락하시지?

그것은!!

분명히 나만 빼고 두 분이 맛있는 걸 숨겨 놓고 드시는 거야!

파팟-

역시! 내가 이럴 줄 알았어!

두둥

##  47 오리무중 五里霧中

오 리(약 2km)나 되는 짙은 안개 속에 있다는 뜻으로,
무엇이 어떻게 되어 가는지 안개가 낀 것같이
도무지 알 수가 없다는 말이에요.

 五 다섯 **오**, 里 마을 **리(이)**, 霧 안개 **무**, 中 가운데 **중**

---

너희들 〈몰랑몰랑의 모험〉 못 봤어?

못 봤어.

나도 못 봤어.

몰라.

3일 전까지는 분명히 있었는데….

도대체 어디 갔는지 **오리무중**이네.

3일 전에 있었던 건 확실해?

## 48 자고이래 自古以來

'옛날부터 내려오면서'라는 뜻으로,
'옛날부터 지금까지'라는 말이에요.

自 스스로 **자**, 古 옛 **고**, 以 써 **이**, 來 올 **래(내)**

요즘 왜 이렇게 기운도 없고 우울하고….

잠도 안 오지?

자고이래로 우울할 때는 몸을 바쁘게 움직이라는 말이 있지.

너저분~

자, 치워.

응?

##  49 동고동락 同 苦 同 樂

괴로움도 즐거움도 모두 함께 한다는 말이에요.

 同 한가지 **동**, 苦 쓸 **고**, 同 한가지 **동**, 樂 즐길 **락**

우리 이제 그만하자.

한 번만 다시 생각해 보면 안 돼? 제발~.

안 돼!

우리 지금까지 **동고동락**해 온 사이잖아!

제발 한 번만 다시 생각해 봐.

# 복습 퀴즈 2

다음 그림과 초성을 보고 빈칸에 알맞은 사자성어를 쓰세요.

## ㅇㅅㄷㅊ

## ㄱㅁㅅㅅ

## ㅅㄱㅈㅁ

## ㅇㅂㅈㄹ

*정답은 165쪽에서 확인하세요.

# 3장
## 어휘력을 뽐낼 때 써먹기 좋은 사자성어

## 50 비일비재 非一非再

같은 현상이나 일이 한두 번이 아니고 계속해서 자주 일어나는 것을 말해요.

非 아닐 **비**, 一 한 **일**, 非 아닐 **비**, 再 다시 **재**

---

인생무상이로다~

회색이 왜 저렇게 기가 죽었어?

얼룩이하고 대결해서 또 졌대.

이번에는 회색이가 자신 있어 하는 방귀 뀌기 대결이었거든.

그래서 더 상심이 큰가 봐.

얼룩이한테 지는 건 **비일비재** 하잖아.

흠.

## 51 대동단결 大同團結

여러 사람이나 단체가 큰 목적을 이루기 위하여 하나로 뭉치는 것을 말해요.

大 큰 **대**, 同 한가지 **동**, 團 둥글 **단**, 結 맺을 **결**

## 52. 문전성시 門前成市

문 앞이 시장을 이룬다는 뜻으로, 마치 시장처럼 찾아오는 사람이 많을 때 쓰는 말이에요.

 門 문 **문**, 前 앞 **전**, 成 이룰 **성**, 市 시장 **시**

> 얘들아! 얘들아!!

> 집 앞에 새로 생긴 핫도그집 말이야!

> 당근 핫도그를 팔기 시작했대!

> 뭐?!

> 다… 당근?!

> 얘들아, 뛰어!

## 53. 일파만파 一波萬波

하나의 물결이 수많은 물결로 퍼진다는 뜻으로, 하나의 사건이 연쇄적으로 더 많은 사건으로 번질 때 쓰는 말이에요.

一 한 **일**, 波 물결 **파**, 萬 일만 **만**, 波 물결 **파**

등산객이 버린 담배꽁초로 인해,

산불이 **일파만파** 번지고 있습니다!

산불 일파만파

냠~ 냠~

에고… 큰일이네.

휙-

툭!

으악! 늦었다!

## 54 인명재천 人命在天

사람의 목숨은 하늘에 달려 있다는 뜻으로, 사람 목숨의 길고 짧음은 사람의 힘으로는 어쩔 수 없다는 말이에요.

人 사람 **인**, 命 목숨 **명**, 在 있을 **재**, 天 하늘 **천**

---

몰랑아, 너 진짜 오래오래 살아야 돼.

인명재천이라는데 그게 내 맘대로 되겠어?

안 돼! 무조건! 무조건 오래 살아!

….

회색이가 날 그렇게 좋아하는 줄 몰랐어.

## 55 다사다난 多事多難

여러 가지 일도 많고 어려움이나 탈도 많다는 말이에요.

 多 많을 **다**, 事 일 **사**, 多 많을 **다**, 難 어려울 **난**

---

드디어 새해다!!

새해 복 많이 받아~!

지난해는 진짜 **다사다난**했다, 그치?

올해는 좋은 일만 가득하자!

모두 모두 새해 복 많이 받아~!

새해에도 잘 부탁해!

## 56 전대미문 前代未聞

지난 시대에는 들어 본 적이 없다는 뜻으로, 매우 놀랍거나 새로운 일을 말해요.

 前 앞 **전**, 代 대신할 **대**, 未 아닐 **미**, 聞 들을 **문**

얘들아! 큰일 났어!!

**전대미문**의 사건이 일어났어!

**전대미문**의 사건이라니? 무슨 외계인이라도 나타났어?

어? 어떻게 알았어?

인사해. 오늘 우연히 만난 외계인이야.

으악! 외… 외계인이다!!

## 57 대서특필 大書特筆

특별히 드러나 보이게 큰 글자로 쓴다는 뜻으로, 주로 신문이나 텔레비전에서 중요한 사건을 크게 다루어 보도하는 것을 말해요.

 大 큰 **대**, 書 글 **서**, 特 특별할 **특**, 筆 붓 **필**

거대한 토끼! 도심에 나타나!

어제 그 사건이 신문에 **대서특필** 됐어.

뉴스에서도 **대서특필** 됐던데?

그래?

그래도 금방 원래대로 돌아와서 다행이야.

## 58 임시방편 臨時方便

임시로 세운 대책이란 뜻으로, 갑자기 일어난 일을 우선 간단하게 둘러맞춰 처리하는 것을 말해요.

臨 임할 **임**, 時 때 **시**, 方 모 **방**, 便 편할 **편**

어? 천장에서 비 샌다.

후유, **임시방편**으로 막아 놓긴 했는데 또 비 오면 어쩌지….

## 59 물심양면 物心兩面

물질적인 것과 정신적인 것 두 가지 모두를 말해요.

 物 물건 **물**, 心 마음 **심**, 兩 두 **양(량)**, 面 낯 **면**

저기…
피우피우.

늘 **물심양면**으로 도와줘서 고마워.

갑자기?

그렇잖아.
늘 맛있는 식사도 챙겨 주고….

내가 힘들 때마다 위로도 해 주고.

이런게 **물심양면** 아니겠어?

왜 이래 진짜~.

## 60 인산인해 人山人海

사람이 산을 이루고 바다를 이루었다는 뜻으로, 수없이 많은 사람이 모인 상태를 말해요.

人 사람 **인**, 山 메 **산**, 人 사람 **인**, 海 바다 **해**

> 여름인데 우린 놀러 안 가?

> 지금 산이든 바다든 **인산인해**라 제대로 놀지도 못할걸?

> 그럼 우리 귀신의 집이라도 갈까?

> 난 귀신 무서운데.

> 나도 귀신의 집은 좀…

> 난 괜찮아.

> 뭐래~.

## 62 유명무실 有名無實

이름만 있고 실속이 없다는 뜻으로,
겉은 그럴듯하지만 실속이 없는 것을 말해요.

有 있을 **유**, 名 이름 **명**, 無 없을 **무**, 實 열매 **실**

우와~! 기대된다!

모락~

모락~

얼마나 맛있으면 빵 이름이 '황제빵'일까?

우웩~ 맛이 왜 이래.

빵 이름만 황제빵이지….

맛은 **유명무실** 하네.

주르륵-

냠 냠

난 맛있는데~.

##  63 자급자족 自給自足

자기에게 필요한 것을 스스로 공급해서
충족한다는 말이에요.

 自 스스로 **자**, 給 줄 **급**, 自 스스로 **자**, 足 발 **족**

**지금부터 이곳에서 생존 훈련을 시작한다!!**

**이제부터 모든 것을 자급자족한다!**

**알겠나?**

먹을 것도?

자는 곳도?

정말? 여기서?

**자급자족 뜻 몰라? 필요한 건 스스로 구하라는 말이다!**

# 일맥상통 一脈相通

어떤 것이 서로 통하거나 비슷하다는 말이에요.

 一 한 **일**, 脈 줄기 **맥**, 相 서로 **상**, 通 통할 **통**

## 65 중언부언 重言復言

이미 했던 같은 말을 계속 되풀이하는 것을 뜻해요.

 重 무거울 **중**, 言 말씀 **언**, 復 다시 **부**, 言 말씀 **언**

"회색아, 빌려 간 만화책 다 봤어?"

"어쩔 건데?"

"다 봤으면 돌려줘. 나도 봐야 돼."

"어쩔 건데?"

## 66 의미심장 意味深長

무언가 뜻이 매우 깊다는 말이에요.

 意 뜻 **의**, 味 맛 **미**, 深 깊을 **심**, 長 길 **장**

---

더 이상 이렇게 살 수는 없다 진짜 용서가

갈색이가 쓴 쪽지인데, 뭔가 **의미심장**하지 않아?

그렇지?

그러고 보니 요즘 표정이 좀 **의미심장**했던 것 같아.

도대체 무슨 일이지?

## 67 천재지변 天災地變

홍수, 지진, 가뭄, 태풍 같은 자연 현상으로 인한 재앙을 말해요.

天 하늘 **천**, 災 재앙 **재**, 地 땅 **지**, 變 변할 **변**

곧 **천재지변**이 일어날 것이다. 대비하거라~!

네? **천재지변**이요?!

끄덕-

## 68. 박학다식 博學多識

학식이 넓고 아는 것이 많음을 말해요.

博 넓을 **박**, 學 배울 **학**, 多 많을 **다**, 識 알 **식**

얼룩아, 독일의 수도가 어딘지 알아?

베를린.

그럼 모나코는?
모나코의 수도도 알아?

응, 모나코.

##  풍전등화 風 前 燈 火

바람 앞의 등불이란 뜻으로, 매우 위험한 처지에 놓여 있음을 비유하는 말이에요.

 風 바람 **풍**, 前 앞 **전**, 燈 등불 **등**, 火 불 **화**

---

얘들아, 우리 육지에서 너무 멀리 나온 것 같아.

무서워, 무서워~.

….

앗, 저기 봐!

상어야! 상어가 나타났어!

사삭—

## 70 유구무언 有口無言

입이 있어도 말은 없다는 뜻으로, 잘못한 것이 너무 분명해서 변명을 할 수 없을 때 쓰는 말이에요.

有 있을 **유**, 口 입 **구**, 無 없을 **무**, 言 말씀 **언**

진짜지?

진짜 어지르지 않고 깨끗이 놀 수 있지?

응, 걱정 말고 다녀와.

안 어지르고 놀게~.

냠~

반칙 하지 마!

반칙 아니거든.

그럼 진짜 너희만 믿고 나갔다 온다!

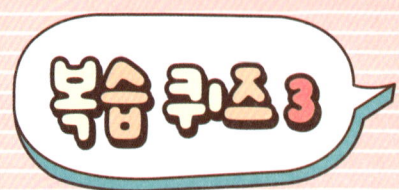

알맞은 사자성어가 되도록
서로 이어지는 말끼리 골라 선으로
이어 보세요.

| | |
|---|---|
| 대동 | 미문 |
| 일맥 | 방편 |
| 임시 | 단결 |
| 의미 | 상통 |
| 박학 | 심장 |
| 전대 | 다식 |

*정답은 165쪽에서 확인하세요.

# 찾아보기

## ㄱ
견물생심 見物生心 · 102
고성방가 高聲放歌 · 56
공명정대 公明正大 · 84
구사일생 九死一生 · 54
금시초문 今始初聞 · 70
기고만장 氣高萬丈 · 106
기상천외 奇想天外 · 20

## ㄴ
노발대발 怒發大發 · 98

## ㄷ
다사다난 多事多難 · 128
대동단결 大同團結 · 120
대서특필 大書特筆 · 132
대의명분 大義名分 · 140
독불장군 獨不將軍 · 42
동고동락 同苦同樂 · 114
동문서답 東問西答 · 28
동분서주 東奔西走 · 78

## ㅁ
마이동풍 馬耳東風 · 18

## ㅁ
명명백백 明明白白 · 58
무용지물 無用之物 · 88
문전성시 門前成市 · 122
물심양면 物心兩面 · 136

## ㅂ
박학다식 博學多識 · 154
반신반의 半信半疑 · 50
백발백중 百發百中 · 62
부자유친 父子有親 · 86
부전자전 父傳子傳 · 80
불로장생 不老長生 · 100
비일비재 非一非再 · 118

## ㅅ
산전수전 山戰水戰 · 22
삼삼오오 三三五五 · 32
삼십육계 三十六計 · 30
선견지명 先見之明 · 72
속전속결 速戰速決 · 24
십중팔구 十中八九 · 38

## ㅇ

안분지족 安分知足 · 92
어부지리 漁父之利 · 76
오리무중 五里霧中 · 110
유구무언 有口無言 · 158
유명무실 有名無實 · 142
유일무이 唯一無二 · 26
의미심장 意味深長 · 150
이심전심 以心傳心 · 74
인명재천 人命在天 · 126
인사불성 人事不省 · 108
인산인해 人山人海 · 138
인생무상 人生無常 · 96
일거양득 一擧兩得 · 52
일맥상통 一脈相通 · 146
일심동체 一心同體 · 104
일장일단 一長一短 · 40
일취월장 日就月將 · 64
일파만파 一波萬波 · 124
일확천금 一攫千金 · 60
임시방편 臨時方便 · 134
입신양명 立身揚名 · 82

## ㅈ

자고이래 自古以來 · 112
자급자족 自給自足 · 144
자문자답 自問自答 · 44
자수성가 自手成家 · 90
자업자득 自業自得 · 68
작심삼일 作心三日 · 16
전대미문 前代未聞 · 130
정정당당 正正堂堂 · 36
중언부언 重言復言 · 148

## ㅊ

천재지변 天災地變 · 152
천차만별 千差萬別 · 46
청산유수 靑山流水 · 48

## ㅌ

타산지석 他山之石 · 94

## ㅍ

팔방미인 八方美人 · 34
풍전등화 風前燈火 · 156

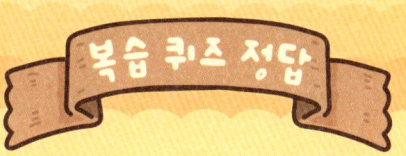

# 복습 퀴즈 정답

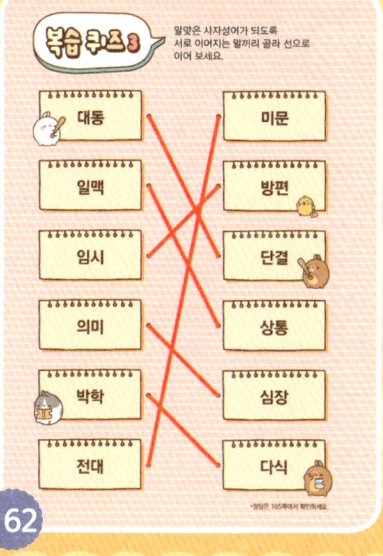

2023년 12월 15일 1판 1쇄 발행
2025년 7월 25일 1판 2쇄 발행

글 전판교
그림 박지영

**발행인** | 황민호
**캐릭터비즈사업본부장** | 석인수
**편집장** | 손재희  **책임편집** | 임우희
**디자인** | 디자인 쿠키  **발행처** | 대원씨아이(주)  www.dwci.co.kr
**주소** | 서울시 용산구 한강대로15길 9-12
**전화 편집** | 02-2071-2153  **영업** | 02-2071-2066  **팩스** | 02-794-7771
**등록번호** | 1992년 5월 11일 등록 제3-563호

979-11-7172-281-5 74030

ⓒ HAYANORI / MILLIMAGES All Rights Reserved.

※ 본 제품은 하얀오리와의 정식 계약에 의해 제작, 판매되므로
   무단 복제 시 법의 처벌을 받게 됩니다.
※ 잘못된 도서는 구입하신 곳에서 교환해 드립니다.